MW01093624

WEDDING ANNIVERSARIES

FIRST	*paper*	THIRTEENTH	*lace*
SECOND	*cotton*	FOURTEENTH	*ivory*
THIRD	*leather*	FIFTEENTH	*crystal*
FOURTH	*linen*	TWENTIETH	*china*
FIFTH	*wood*	TWENTY-FIFTH	*silver*
SIXTH	*iron*	THIRTIETH	*pearl*
SEVENTH	*wool*	THIRTY-FIFTH	*coral*
EIGHTH	*bronze*	FORTIETH	*ruby*
NINTH	*pottery*	FORTY-FIFTH	*sapphire*
TENTH	*tin*	FIFTIETH	*gold*
ELEVENTH	*steel*	FIFTY-FIFTH	*emerald*
TWELFTH	*silk*	SIXTIETH	*diamond*

SIGNS OF THE ZODIAC

ARIES *March 21 — April 19*

TAURUS *April 20 — May 20*

GEMINI *May 21 — June 20*

CANCER *June 21 — July 22*

LEO *July 23 — August 22*

VIRGO *August 23 — September 23*

LIBRA *September 24 — October 23*

SCORPIO *October 24 — November 21*

SAGITTARIUS *November 22 — December 21*

CAPRICORN *December 22 — January 19*

AQUARIUS *January 20 — February 18*

PISCES *February 19 — March 20*

DIGITALE GLOXINOÏDE
VARIÉ

AMARANTOÏDE IMMORTELLE
GLOBULEUSE VARIÉE

BIRTHSTONES

JANUARY	*garnet*
FEBRUARY	*amethyst*
MARCH	*aquamarine*
APRIL	*diamond*
MAY	*emerald*
JUNE	*pearl*
JULY	*ruby*
AUGUST	*peridot*
SEPTEMBER	*sapphire*
OCTOBER	*opal*
NOVEMBER	*topaz*
DECEMBER	*turquoise*

JANUARY

1

2

3

4

5

6

7

JANUARY

8

9

10

11

12

13

14

15

16

17

18

19

20

21

22

23

JANUARY

24

25

26

27

JANUARY

28

29

30

31

FEBRUARY

1

2

3

4

5

6

7

FEBRUARY

8

9

10

11

12

13

14

15

FEBRUARY

16

17

18

19

20

21

22

23

FEBRUARY

24

25

26

27

28

29

MARCH

1

2

3

4

5

6

7

MARCH

8

9

10

11

MARCH

12

13

14

15

16

17

18

19

MARCH

20

....
....
....

21

....
....
....

22

....
....
....

23

....
....
....

MARCH

24

25

26

27

MARCH

28

29

30

31

APRIL

1

2

3

4 ....
....
....

5 ....
....
....

6 ....
....
....

7 ....
....

8

9

10

11

APRIL

12

13

14

15

APRIL

16

17

18

19

APRIL

20

21

22

23

APRIL

24

25

26

27

28

29

30

MAY

_____
1
....
....
....

_____
2
....
....
....

_____
3
....
....
....

MAY

4

5

6

7

8

9

10

11

12

13

14

15

16

17

18

19

MAY

20

21

22

23

MAY

24

25

26

27

28

29

30

31

JUNE

_____

1

_____

2

_____

3

JUNE

4

5

6

7

JUNE

8

9

10

11

JUNE

12

13

14

15

JUNE

16

17

18

19

20

21

22

23

24

25

26

27

28

29

30

JULY

1

2

3

4

5

6

7

8

9

10

11

12

13

14

15

JULY

16

17

18

19

JULY

20

21

22

23

JULY

24

25

26

27

28

29

30

31

AUGUST

1

2

3

AUGUST

4

5

6

7

AUGUST

8

9

10

11

AUGUST

12

13

14

15

16

17

18

19

20

21

22

23

AUGUST

24

25

26

27

AUGUST

28

29

30

31

SEPTEMBER

1

2

3

4

5

6

7

SEPTEMBER

8

9

10

11

SEPTEMBER

12

13

14

15

SEPTEMBER

16

17

18

19

20

21

22

23

24

25

26

27

28

29

30

OCTOBER

1

2

3

OCTOBER

4

5

6

7

OCTOBER

8

9

10

11

OCTOBER

12

13

14

15

OCTOBER

16

17

18

19

OCTOBER

20

21

22

23

OCTOBER

24

25

26

27

OCTOBER

28

29

30

31

NOVEMBER

1

2

3

4

5

6

7

NOVEMBER

8

9

10

11

12 ....
....
....

13 ....
....
....

14 ....
....
....

15 ....
....
....

16

17

18

19

20
....
....
....

21
....
....
....

22
....
....
....

23
....
....

NOVEMBER

24

25

26

27

NOVEMBER

28

29

30

DECEMBER

1

2

3

4

5

6

7

DECEMBER

8

9

10

11

DECEMBER

12

13

14

15

DECEMBER

16

17

18

19

DECEMBER

20

21

22

23

DECEMBER

24

25

26

27

DECEMBER

28
....
....
....

29
....
....
....

30
....
....
....

31
....
....
....

NOTES

NOTES

NOTES

NOTES

NOTES

NOTES

NOTES